thank you for joining us
In celebrating our
60th Wedding Anniversary!

Your presence means the
world to us!

1962
Those Were the Days

New House	$12,700.00
Average Yearly Income	$5,520.00
Average Monthly Rent	$112.00
New Car	$2,925.00
Gallon of Gas	27 cents
US Postage Stamp	4 cents
Movie Ticket	1.00
Dozen Eggs	32 cents
Loaf of Bread	21 cents
Gallon of Milk	1.05

Name ~ Guests ~ Wishes

Name
Guests
Wishes

Name Guests Wishes

Name Guests Wishes

Name Guests Wishes

Name   Guests   Wishes

Name Guests Wishes

Name   Guests   Wishes

Name

Guests

Wishes

Name   Guests   Wishes

Name Guests Wishes

Name   Guests   Wishes

Name

Guests

Wishes

Name   Guests   Wishes

Name　　Guests　　Wishes

Name   Guests   Wishes

Name   Guests   Wishes

Name Guests Wishes

Name   Guests   Wishes

_____   _____

_____   _____

_____   _____

_____   _____

_____   _____

Name · Guests · Wishes

Name　　Guests　　Wishes

Name Guests Wishes

Name

Guests

Wishes

Name · Guests · Wishes

Name ## Guests ## Wishes

Name Guests Wishes

Name   Guests   Wishes

Name · Guests · Wishes

Name

Guests

Wishes

_____

_____

_____

_____

_____

_____

_____

_____

_____

_____

_____

_____

_____

_____

_____

_____

_____

_____

Name

Guests

Wishes

Name

Guests

Wishes

Name   Guests   Wishes

Name Guests Wishes

Name Guests Wishes

Name · Guests · Wishes

Name   Guests   Wishes

Name　Guests　Wishes

Name

Guests

Wishes

Name　Guests　Wishes

Name Guests Wishes

Name ~ Guests ~ Wishes

Name Guests Wishes

Name   Guests   Wishes

Name Guests Wishes

Name   Guests   Wishes

Name   Guests   Wishes

Name — Guests — Wishes

Name　　Guests　　Wishes

Name Guests Wishes

Name Guests Wishes

Name   Guests   Wishes

Name

Guests

Wishes

Guests

Name

Wishes

Name   *Guests*   Wishes

Name Guests Wishes

Name   Guests   Wishes

Name Guests Wishes

Name   Guests   Wishes

Name   Guests   Wishes

Name   Guests   Wishes

Name

Guests

Wishes

Name   Guests   Wishes

Name   ## Guests   ## Wishes

_____

_____

_____

_____

Name   Guests   Wishes

Name   Guests   Wishes

_____

_____

_____

_____

Name Guests Wishes

Name   Guests   Wishes

Name   Guests   Wishes

Name Guests Wishes

Name Guests Wishes

_____

_____

_____

_____

_____

Name   Guests   Wishes

Name Guests Wishes

Name　　　　Guests　　　Wishes

Name   Guests   Wishes

Name

Guests

Wishes

Name　　　Guests　　　Wishes

Name   Guests   Wishes

Name · Guests · Wishes

Name

Guests

Wishes

Name   Guests   Wishes

Name

Guests

Wishes

Name

Guests

Wishes

Name　Guests　Wishes

Name   Guests   Wishes

Name Guests Wishes

Name Guests Wishes

Name   Guests   Wishes

Name   *Guests*   Wishes

Name   Guests   Wishes

Name Guests Wishes

Name Guests Wishes

Name Guests Wishes

Name   Guests   Wishes

Name   Guests   Wishes

Name   Guests   Wishes

Name · Guests · Wishes

Name · Guests · Wishes

Name   Guests   Wishes

Name Guests Wishes

Name

Guests

Wishes

Name　　Guests　　Wishes

Name

Guests

Wishes

Name   Guests   Wishes

Name   Guests   Wishes

Name Guests Wishes

Name $\quad$ Guests $\quad$ Wishes

Name

Guests

Wishes

Made in the USA
Monee, IL
27 March 2022